Vorwort

Das persönlichste Geschenk ist ein selbst gemachtes Geschenk. Mit dem neuen Thermomix Gerät kann man auf leichte Art und Weise wunderschöne Dinge kreieren. Hübsch verpackt kann man dann seine Werke präsentieren. Meine liebevollen Rezepte werden Sie und Ihre Familie, sowie Ihren Bekanntenkreis begeistern. Ich wünsche Ihnen viel Spaß mit meinem Buch.

Inhaltsangabe

Heidelbeere Zimt Macarons
Lebkuchen Macarons
Pfefferkuchen Macarons
Weihnachts Likör
Lebkuchen Likör
Zimt Likör
Marzipan Likör
Zimt Capuccino Pulver
Lebkuchen Capuccino Pulver
Marzipan Capuccino Pulver
Datteln Zimt Schokoladen Marmelade
Himbeeren Rum Marmelade
Erdbeere Amaretto Marmelade
Apfel Zimt Ingwer Marmelade
Pflaumen Zimt Marmelade
Apfel Spekulatius Marmelade
Maronen Dattel Marmelade
Bananen Lebkuchen Marmelade
Blaubeere Eierlikör Marmelade
Zimt Curd
Spekulatius Curd
Lebkuchen Curd
Chili Schokoladen Curd

Nachtrag zum Impressum/ Copyright

Superschnelle Nougat Pralinen

Zutaten
50 g Zartbitterschokolade
50 g Nusschokolade
10 g Butter
120 g Nuss-Nougat

Zubereitung

Alle Zutaten in den Mixtopf geben. Auf Stufe 5/ 30 Sekunden zerkleinern. Nun bei 50 Grad/ 3 Minuten/ Stufe 3 schmelzen. Eine Silikonform für Pralinen bereitstellen und die Masse hinein geben. Ca. 1 Stunde im Kühlschrank hart werden lassen. Aus der Form nehmen und entsprechend verpacken.

Gewürz Pralinen

400 g Vollmilch Schokolade
200 g Nougat
100 g Butter
20 g Sahne
1/4 TL gemahlene Nelken
1 TL gemahlener Kardamom
2 TL gemahlener Zimt
1 Prise Pfeffer
1 Prise Chili
100 g gehackte Walnüsse

Zubereitung

Alle Zutaten in den Mixtopf geben und auf Stufe 5/ 1 Minute zerkleinern. Jetzt alles 6 Minuten/ 60 Grad/ Stufe 3 schmelzen. In Pralinenformen füllen und 2 Stunden kalt stellen. Guten Appetit!

Weiße Schokolade Himbeere Mohn Pralinen

Zutaten
600 g Weiße Schokolade
200 g Butter
20 g Sahne
100 g Himbeere Marmelade
50 g Mohn
30 g Kirschwasser

Zubereitung

Alle Zutaten in den Mixtopf geben und auf Stufe 5/ 1 Minute zerkleinern. Jetzt alles 6 Minuten/ 60 Grad/ Stufe 3 schmelzen. In Pralinenformen füllen und 2 Stunden kalt stellen. Guten Appetit!

Haselnuss Milch Pralinen

Zutaten
400 g Weiße Schokolade
200 g Milchmädchen
100 g Haselnuss, gehackt
100 g Butter
20 g Sahne

Dekor
200 g Haselnüsse, gehackt, zum Einrollen

Zubereitung
Alle Zutaten außer den Haselnüssen für das Dekor in den
Mixtopf geben und auf Stufe 5/ 1 Minute zerkleinern.
Jetzt alles 6 Minuten/ 60 Grad/ Stufe 3 schmelzen. 15
Minuten kaltstellen. Aus der Masse kleine Kugeln
formen und in Kokosraspeln wälzen. Guten Appetit!

Weiße Schokolade Erdnuss Pralinen

Zutaten
400 g Weiße Schokolade
100 g Erdnussbutter
50 g Erdnüsse gehackt
10 g gemahlener Kaffee (Kaffeepulver)

Zubereitung
Alle Zutaten in den Mixtopf geben. Auf Stufe 5/ 30 Sekunden zerkleinern. Nun bei 60 Grad/ 5 Minuten/ Stufe 3 schmelzen. Eine Silikonform für Pralinen bereitstellen und die Masse hinein geben. Ca. 1 Stunde im Kühlschrank hart werden lassen. Aus der Form nehmen und entsprechend einpacken.

Kokos Milch Pralinen

Zutaten
400 g Weiße Schokolade
200 g Milchmädchen
100 g Butter
20 g Sahne

Dekor
200 g Kokosraspeln zum Einrollen

Zubereitung
Alle Zutaten außer den Kokosraspeln in den Mixtopf
geben und auf Stufe 5/ 1 Minute zerkleinern. Jetzt alles 6
Minuten/ 60 Grad/ Stufe 3 schmelzen. 15 Minuten
kaltstellen. Aus der Masse kleine Kugeln formen und in
Kokosraspeln wälzen. Guten Appetit!

Weiße Schokolade Himbeere Rum Pralinen

Zutaten
600 g Weiße Schokolade
200 g Butter
20 g Sahne
100 g Himbeere Marmelade
1 Fläschchen Rumaroma
20 g Rum

Zubereitung
Alle Zutaten in den Mixtopf geben und auf Stufe 5/ 1 Minute zerkleinern. Jetzt alles 6 Minuten/ 60 Grad/ Stufe 3 schmelzen. In Pralinenformen füllen und 2 Stunden kalt stellen. Guten Appetit!

Walnuss Nougat Pralinen

Zutaten
400 g Vollmilch Schokolade
200 g Nougat
100 g Butter
20 g Sahne
200 g gehackte Walnüsse
1 Prise Pfeffer
1 Prise Pfeffer

Zubereitung
Alle Zutaten in den Mixtopf geben und auf Stufe 5/ 1 Minute zerkleinern. Jetzt alles 6 Minuten/ 60 Grad/ Stufe 3 schmelzen. In Pralinenformen füllen und 2 Stunden kalt stellen. Guten Appetit!

Weiße Schokolade Heidelbeeren Pralinen

Zutaten
600 g Weiße Schokolade
200 g Butter
20 g Sahne
100 g Heidelbeere Marmelade
½ TL Zimt

Zubereitung
Alle Zutaten in den Mixtopf geben und auf Stufe 5/ 1
Minute zerkleinern. Jetzt alles 6 Minuten/ 60 Grad/ Stufe
3 schmelzen. In Pralinenformen füllen und 2 Stunden kalt
stellen. Guten Appetit!

Sahne Zimt Kugeln

Zutaten
600 g Vollmilchschokolade
100 g Milchmädchen
100 g Sahne
½ TL Zimt
1 Pck. Vanillezucker

Dekor
200 g Schokostreusel zum Einrollen

Zubereitung
Alle Zutaten außer den Schokostreuseln in den Mixtopf geben und auf Stufe 5/ 1 Minute zerkleinern. Jetzt alles 7 Minuten/ 60 Grad/ Stufe 3 schmelzen. 15 Minuten kaltstellen. Aus der Masse kleine Kugeln formen und in Schokostreuseln wälzen. Guten Appetit!

Marzipan Mohn Pralinen

Zutaten
500 g Weiße Schokolade
100 g Marzipanrohmasse
100 g Butter
20 g Sahne
40 g Mohn
30 g Kirschwasser

Zubereitung
Alle Zutaten in den Mixtopf geben und auf Stufe 5/ 1
Minute zerkleinern. Jetzt alles 7 Minuten/ 60 Grad/ Stufe
3 schmelzen. In Pralinenformen füllen und 2 Stunden kalt
stellen. Hübsch verpacken und verschenken, oder selbst
genießen.

Weiße Schokolade Rumrosinen Pralinen

Zutaten
600 g Weiße Schokolade
200 g Butter
20 g Sahne
100 g Rumrosinen

Zubereitung
Alle Zutaten in den Mixtopf geben und auf Stufe 5/ 1 Minute zerkleinern. Jetzt alles 6 Minuten/ 60 Grad/ Stufe 3 schmelzen. In Pralinenformen füllen und 2 Stunden kalt stellen. Guten Appetit!

Walnuss Rum Pralinen

Zutaten
500 g Zartbitter Schokolade
200 g Walnüsse, gehackt
100 g Butter
50 g Rum

Zubereitung
Alle Zutaten in den Mixtopf geben und auf Stufe 5/ 1 Minute zerkleinern. Jetzt alles 7 Minuten/ 60 Grad/ Stufe 3 schmelzen. In Pralinenformen füllen und 2 Stunden kalt stellen. Hübsch verpacken und verschenken, oder selbst genießen.

Spekulatius Pralinen

Zutaten
500 g Vollmilch Schokolade
100 g Nougat
100 g Butter
20 g Sahne
1 TL Spekulatius Gewürz

Zubereitung
Alle Zutaten in den Mixtopf geben und auf Stufe 5/ 1
Minute zerkleinern. Jetzt alles 7 Minuten/ 60 Grad/ Stufe
3 schmelzen. In Pralinenformen füllen und 2 Stunden kalt
stellen. Hübsch verpacken.

Pfefferkuchen Pralinen

Zutaten
500 g Weiße Schokolade
100 g Butter
80 g Sahne
1 TL Pfefferkuchen Gewürz

Zubereitung
Alle Zutaten in den Mixtopf geben und auf Stufe 5/ 1
Minute zerkleinern. Jetzt alles 7 Minuten/ 60 Grad/ Stufe
3 schmelzen. In Pralinenformen füllen und 2 Stunden kalt
stellen. Hübsch verpacken, oder verzehren.

Eierlikör Kuchen im Glas

Zutaten
5 Eier
200 g Zucker
1 Pck. Vanillezucker
250 g Öl
150 g Eierlikör
100 g Sahne
250 g Mehl
1 Pck. Backpulver

12 Gläser für jeweils 240 ml Inhalt
etwas Butter und Semmelbrösel für die
Gläser

Zubereitung
Alle Zutaten in den Mixtopf geben. Auf Stufe 5/ 1
Minute rühren. Den Teig nach unten schieben und
nochmals 30 Sekunden auf Stufe 5 rühren. Die Gläser
mit Butter gut einfetten und mit Semmelbrösel einstreuen.
Nun die Gläser zur Hälfte mit Teig befüllen und auf das
Backblech stellen. Bei 180 Grad Ober und Unterhitze ca.
30 Minuten backen. Danach die Gläser sofort
verschließen. Der Kuchen hält sich nun ca. 3 Monate.

Spekulatius Kuchen im Glas

Zutaten
5 Eier
200 g Zucker
1 Pck. Vanillezucker
250 g Öl
250 g Sahne
250 g Mehl
1 TL Spekulatiusgewürz
½ TL Zimt
1 Pck. Backpulver

12 Gläser für jeweils 240 ml Inhalt
etwas Butter und Semmelbrösel für die
Gläser

Zubereitung
Alle Zutaten in den Mixtopf geben. Auf Stufe 5/ 1
Minute rühren. Den Teig nach unten schieben und
nochmals 30 Sekunden auf Stufe 5 rühren. Die Gläser
mit Butter gut einfetten und mit Semmelbrösel einstreuen.
Nun die Gläser zur Hälfte mit Teig befüllen und auf das
Backblech stellen. Bei 180 Grad Ober und Unterhitze ca.
30 Minuten backen. Danach die Gläser sofort
verschließen. Der Kuchen hält sich nun ca. 3 Monate.

Pistazien Kuchen im Glas

Zutaten
5 Eier
200 g Zucker
1 Pck. Vanillezucker
250 g Öl
100 g Amaretto
150 g Sahne
100 g Pistazien, gehackt
250 g Mehl
1 Pck. Backpulver

12 Gläser für jeweils 240 ml Inhalt
etwas Butter und Semmelbrösel für die
Gläser

Zubereitung
Alle Zutaten in den Mixtopf geben. Auf Stufe 5/ 1
Minute rühren. Den Teig nach unten schieben und
nochmals 30 Sekunden auf Stufe 5 rühren. Die Gläser
mit Butter gut einfetten und mit Semmelbrösel einstreuen.
Nun die Gläser zur Hälfte mit Teig befüllen und auf das
Backblech stellen. Bei 180 Grad Ober und Unterhitze ca.
30 Minuten backen. Danach die Gläser sofort
verschließen. Der Kuchen hält sich nun ca. 3 Monate.

Walnuss Kuchen im Glas

Zutaten
5 Eier
200 g Zucker
1 Pck. Vanillezucker
250 g Öl
150 g Walnüsse, gemahlen
50 g Kakaopulver
1 Prise Zimt
1 Prise Pfeffer
150 g Sahne
250 g Mehl
1 Pck. Backpulver

12 Gläser für jeweils 240 ml Inhalt
etwas Butter und Semmelbrösel für die
Gläser

Zubereitung
Alle Zutaten in den Mixtopf geben. Auf Stufe 5/ 1
Minute rühren. Den Teig nach unten schieben und
nochmals 30 Sekunden auf Stufe 5 rühren. Die Gläser
mit Butter gut einfetten und mit Semmelbrösel einstreuen.
Nun die Gläser zur Hälfte mit Teig befüllen und auf das
Backblech stellen. Bei 180 Grad Ober und Unterhitze ca.
30 Minuten backen. Danach die Gläser sofort
verschließen. Der Kuchen hält sich nun ca. 3 Monate.

Lebkuchen Kuchen im Glas

Zutaten
5 Eier
200 g Zucker
1 Pck. Vanillezucker
250 g Öl
250 g Sahne
50 g Kakao
50 g Honig
1 TL Lebkuchengewürz
½ TL Zimt
100 g Mandeln, gehackt
250 g Mehl
1 Pck. Backpulver

12 Gläser für jeweils 240 ml Inhalt
etwas Butter und Semmelbrösel für die
Gläser

Zubereitung
Alle Zutaten in den Mixtopf geben. Auf Stufe 5/ 1
Minute rühren. Den Teig nach unten schieben und
nochmals 30 Sekunden auf Stufe 5 rühren. Die Gläser
mit Butter gut einfetten und mit Semmelbrösel einstreuen.
Nun die Gläser zur Hälfte mit Teig befüllen und auf das
Backblech stellen. Bei 180 Grad Ober und Unterhitze ca.
30 Minuten backen. Danach die Gläser sofort
verschließen. Der Kuchen hält sich nun ca. 3 Monate.

Spekulatius

Zutaten
250 g Mehl
1/2 TL Backpulver
50 g Mandeln gemahlen
100 g Butter, weich
100 g Zucker
1 EL Vanillezucker
1 EL Spekulatiusgewürz
1 Prise Zimt
1 Prise Salz

1 Ei

Zubereitung
Alle Zutaten in den Mixtopf geben und auf Stufe 5/ 1
Minute mischen. Teig etwas nach unten schieben und
nochmals 30 Sekunden/ Stufe 5 mischen. Auf eine mit
Mehl ausgestreute Fläche ausrollen. Entweder mit dem
Spekulatiusholz Plätzchen austollen, oder die ausgerollte
Fläche in kleine Rechtecke schneiden. Ein Backblech mit
Backpapier auslegen. Die Plätzchen darauf geben. Ca. 20
Minuten bei 180 Grad goldgelb backen.

Engelsaugen

Zutaten
Teig
250 g Mehl
150 g Butter
2 Eier
90 g Puderzucker
1 Pck. Vanillezucker
1 Prise Salz
abgeriebene Schale von 1 Bio Zitrone
1 Prise Zimt

Füllung
Marmelade nach Wahl

Zubereitung
Alle Teigzutaten in den Mixtopf geben. Auf Stufe 5/ 30
Sekunden mixen, danach auf Teigstufe 2 Minuten kneten.
1 Stunde in den Kühlschrank stellen. Auf eine mit Mehl
bestäubten Fläche ausrollen und runde Plätzchen
ausstechen. In die Mitte mit einem Löffel eine Mulde
drücken oder mit einer Form Motive einstechen und
etwas Marmelade hinein geben. Auf ein mit Backpapier
ausgelegtes Blech geben. Bei 180 Grad ca. 18 Minuten
backen.

Ginger Herzen

Zutaten
300 g Mehl
½ TL Backpulver
100 g Zucker
1 Pck. Vanillezucker
1 Ei
200 g Butter
1 Eigelb
50 g klein gehackten kandierten Ingwer
1 Prise Zimt
1 TL Zitronensaft

Zubereitung
Alle Teigzutaten in den Mixtopf geben. Auf Stufe 5/ 30
Sekunden mixen, danach auf Teigstufe 2 Minuten kneten.
1 Stunde in den Kühlschrank stellen. Auf eine mit Mehl
bestäubten Fläche ausrollen und Herzen ausstechen.
Auf ein mit Backpapier ausgelegtes Blech geben. Bei 180
Grad ca. 18 Minuten backen.

Haselnuss Zimt Kipferl

Zutaten
100 g Haselnüsse, gemahlen
50 g Mandeln, gemahlen
275 g Mehl
150 g Zucker
2 Pck. Vanillezucker
1 Prise Salz
1 Ei
220 g Butter
1 TL Zimt

Zubereitung
Alle Teigzutaten in den Mixtopf geben. Auf Stufe 5/ 30
Sekunden mixen, danach auf Teigstufe 2 Minuten kneten.
Auf einer mit Mehl bestreuten Fläche geben und zu
Rollen formen. 1 Stunde in den Kühlschrank stellen. Von
den Rollen ca. 1 cm dicke Scheiben abschneiden und zu
Kipferl formen. Auf ein mit Backpapier ausgelegtes
Blech geben. Bei 180 Grad ca. 20 Minuten backen. In
eine Dose geben und eventuell mit Zucker bestäuben.

Zimtbällchen

Zutaten
100 g Butter
150 g Mehl
1 TL Zimt, gemahlen
100 g Zucker
1 Eigelb
1 Prise Salz

Zubereitung
Alle Teigzutaten in den Mixtopf geben. Auf Stufe 5/ 30
Sekunden mixen, danach auf Teigstufe 2 Minuten kneten.
1 Stunde in den Kühlschrank stellen. Auf eine mit Mehl
bestäubten Fläche und zu kleinen Bällchen formen.
Auf ein mit Backpapier ausgelegtes Blech geben. Bei 180
Grad ca. 18 bis 20 Minuten backen. Nach Belieben
verzieren oder in Zucker wälzen.

Marzipan Kokosmakronen

Zutaten
180 g Kokosraspeln
5 Eiweiße
250 g Puderzucker
400 g Marzipanrohmasse
2 Essl. Rum
180 g Zucker
1 Prise Zimt

Zubereitung

Alle Teigzutaten in den Mixtopf geben. Auf Stufe 5/ 30 Sekunden mixen, danach auf Teigstufe 2 Minuten kneten. 1 Stunde in den Kühlschrank stellen. Mit zwei Löffeln kleine Häufchen abstechen und auf ein mit Backpapier ausgelegtes Blech geben. Bei 180 Grad ca. 18 Minuten backen.

Haferflocken Gewürz Plätzchen

Zutaten
100 g Mandeln gemahlen
120 g Zucker
1 Ei
80 g Mehl
125 g Butter
90 g Haferflocken zart
1 TL Backpulver
1 Prise Zimt
1 Prise Muskat

Zubereitung
Alle Zutaten in den Mixtopf einwiegen. Auf Stufe 7 / 30 Sekunden zerkleinern. Nun auf Teigstufe 2 Minuten kneten. Ein Backblech mit Backpapier auskleiden und mit dem Löffel kleine Teighäufchen darauf geben. Etwas Platz lassen, da sie noch auseinander laufen. Bei 200 Grad ca. 15 bis 18 Minuten backen.

Heidelbeere Zimt Macarons

Zutaten
Macaronschalenteig
125 g gemahlene weiße Mandeln
150 g Puderzucker
100 g Zucker, fein
½ TL Zimt
4 Eiweiße

Füllung
250 g Butter
Mark einer Vanilleschote
140 g Puderzucker
50 g Heidelbeermarmelade
1 Prise Zimt
160 g Mandeln gemahlen

Zubereitung
Wir beginnen mit den Macaronschalen.
Mandeln und Puderzucker in den Mixtopf geben und
nochmals auf Stufe 10/ 15 Sekunden mahlen. In eine
Schüssel umfüllen.
Den Topf reinigen. Den Schmetterling einsetzen und das
Eiweiß einfüllen. Auf Stufe 4/ ca. 2 Minuten steif
schlagen. Den Schmetterling entfernen. Nun die übrigen
Teigzutaten hinzugeben. Wer mag, kann noch ein paar
Tropfen

Lebensmittelfarbe hinzugeben. Auf Stufe 2/ 15 Sekunden
rühren. Die Masse in einem Spritzbeutel umfüllen. Ein
Backblech mit Backpapier belegen. Die Masse
portionsweise mit dem Spritzbeutel auf das Blech setzen.
Die Masse bei 150 Grad Umluft ca. 15 Minuten backen.
Die Schalen abkühlen lassen.
Füllung
Alle Zutaten für die Füllung in den sauberen Mixtopf
geben. Auf Stufe 5/ 30 Sekunden schlagen. Man braucht
eine Macaronschale als Oberteil und eine als Unterteil.
Die Schalen mit der Masse füllen und kaltstellen.

Lebkuchen Macarons

Zutaten
Macaronschalenteig
125 g gemahlene weiße Mandeln
150 g Puderzucker
100 g Zucker, fein
4 Eiweiße
1/2 TL Zimt
1 TL Lebkuchengewürz

Füllung
100 g gehackte weiße Schokolade
50 g Sahne
50 g gehackte Haselnüsse
½ TL Zimt
½ TL Lebkuchengewürz

Zubereitung
Wir beginnen mit den Macaronschalen.

Mandeln und Puderzucker in den Mixtopf geben und nochmals auf Stufe 10/ 15 Sekunden mahlen. In eine Schüssel umfüllen.

Den Topf reinigen. Den Schmetterling einsetzen und das Eiweiß einfüllen. Auf Stufe 4/ ca. 2 Minuten steif schlagen. Den Schmetterling entfernen. Nun die übrigen Teigzutaten hinzugeben. Wer mag, kann noch ein paar Tropfen Lebensmittelfarbe hinzugeben. Auf Stufe 2/ 15 Sekunden rühren. Die Masse in einem Spritzbeutel umfüllen. Ein Backblech mit Backpapier belegen. Die Masse portionsweise mit dem Spritzbeutel auf das Blech setzen. Die Masse bei 150 Grad Umluft ca. 15 Minuten backen. Die Schalen abkühlen lassen.

Pfefferkuchen Macarons

Zutaten
Macaronschalenteig
125 g gemahlene weiße Mandeln
150 g Puderzucker
100 g Zucker, fein
4 Eiweiße
½ TL Zimt
½ TL Pfefferkuchengewürz

Füllung
100 g gehackte weiße Schokolade
50 g Sahne
50 g gehackte Haselnüsse
½ TL Zimt
½ Pfefferkuchengewürz

Zubereitung

Wir beginnen mit den Macaronschalen.

Mandeln und Puderzucker in den Mixtopf geben und nochmals auf Stufe 10/ 15 Sekunden mahlen. In eine Schüssel umfüllen.

Den Topf reinigen. Den Schmetterling einsetzen und das Eiweiß einfüllen. Auf Stufe 4/ ca. 2 Minuten steif schlagen. Den Schmetterling entfernen. Nun die übrigen Teigzutaten hinzugeben. Wer mag, kann noch ein paar Tropfen Lebensmittelfarbe hinzugeben. Auf Stufe 2/ 15 Sekunden rühren. Die Masse in einem Spritzbeutel umfüllen. Ein Backblech mit Backpapier belegen. Die Masse portionsweise mit dem Spritzbeutel auf das Blech setzen. Die Masse bei 150 Grad Umluft ca. 15 Minuten backen. Die Schalen abkühlen lassen.

Weihnachts Likör

Zutaten
600 g Sahne
200 g Weinbrand
50 g Rum
2 TL Zimt
2 TL Honigkuchen Gewürz
2 TL Vanillezucker
50 g Vollmilch Schokolade
120 g Zucker
1 Ei

Zubereitung
Außer den Alkohol alle Zutaten in den Mixtopf geben.
Alles für 6 Minuten/ Stufe 2/ 90 Grad erhitzen. Jetzt den
Alkohol hinzugeben. Nochmals 5 Minuten/ Stufe 2/ 90
Grad. In eine Flasche umfüllen und im Kühlschrank
aufbewahren.

Lebkuchen Likör

Zutaten
600 g Sahne
200 g Weinbrand
50 g Rum
2 TL Zimt
2 TL Lebkuchengewürz
2 TL Vanillezucker
50 g Vollmilch Schokolade
120 g Zucker
1 Ei

Zubereitung
Außer den Alkohol alle Zutaten in den Mixtopf geben.
Alles für 6 Minuten/ Stufe 2/ 90 Grad erhitzen. Jetzt den
Alkohol hinzugeben. Nochmals 5 Minuten/ Stufe 2/ 90
Grad. In eine Flasche umfüllen und im Kühlschrank
aufbewahren.

Zimt Likör

Zutaten
600 g Sahne
200 g Weinbrand
50 g Rum
2 TL Zimt
100 g weiße Schokolade
120 g Zucker
1 Ei

Zubereitung
Außer den Alkohol alle Zutaten in den Mixtopf geben.
Alles für 6 Minuten/ Stufe 2/ 90 Grad erhitzen. Jetzt den
Alkohol hinzugeben. Nochmals 5 Minuten/ Stufe 2/ 90
Grad. In eine Flasche umfüllen und im Kühlschrank
aufbewahren.

Marzipan Likör

Zutaten
150 g weiße Schokolade
120 g Zucker
1 Ei
500 g Sahne
300 g Amaretto
100 g Rum

Zubereitung
Die Schokolade in den Mixtopf geben und 10 Sekunden
auf Stufe 5 zerkleinern. Die übrigen Zutaten in den
Mixtopf geben. 11 Minuten/ Stufe1/ 90 Grad. In eine
Flasche umfüllen und im Kühlschrank aufbewahren.

Zimt Capuccino Pulver

Zutaten
400 g Zucker
1 Pck. Vanillezucker
1 TL Zimt
70 g Kakaopulver
80 g löslicher Kaffee
300 g Kaffeeweißer

Zubereitung
Alle Zutaten in den Mixtopf einwiegen und auf höchster
Stufe 30 Sekunden pulverisieren. Entweder in Zellophan
Beutel verpacken und verzieren, oder in Gläsern abfüllen.

Lebkuchen Capuccino Pulver

Zutaten
400 g Zucker
1 Pck. Vanillezucker
2 TL Lebkuchengewürz
70 g Kakaopulver
80 g löslicher Kaffee
300 g Kaffeeweißer

Zubereitung
Alle Zutaten in den Mixtopf einwiegen und auf höchster
Stufe 30 Sekunden pulverisieren. Entweder in Zellophan
Beutel verpacken und verzieren, oder in Gläsern abfüllen.

Marzipan Capuccino Pulver

Zutaten
400 g Zucker
1 Pck. Vanillezucker
1 Fläschchen Bittermandelöl
70 g Kakaopulver
80 g löslicher Kaffee
300 g Kaffeeweißer

Zubereitung
Alle Zutaten in den Mixtopf einwiegen und auf höchster
Stufe 30 Sekunden pulverisieren. Entweder in Zellophan
Beutel verpacken und verzieren, oder in Gläsern abfüllen.

Datteln Zimt Schokolade Marmelade

Zutaten
650 g Datteln
100 g Schokolade, gehackt
1 TL Zimt
250 g Gelierzucker 3:1
Mark einer Vanilleschote

Zubereitung
Das Obst in den Mixtopf geben und 30 Sekunden / Stufe
4 zerkleinern. Nun die übrigen Zutaten einfügen.
Nochmals kurz für 15 Sekunden auf Stufe 5 gut
vermischen. Auf Stufe 1 / 100 Grad / 18 Minuten kochen.
Die Marmelade kann abgefüllt werden.

Himbeeren Rum Marmelade

Zutaten
700 g Himbeeren
70 g Rum
250 g Gelierzucker 3:1
Mark einer Vanilleschote

Zubereitung

Das Obst in den Mixtopf geben und 30 Sekunden / Stufe 4 zerkleinern. Nun die übrigen Zutaten einfügen. Nochmals kurz für 15 Sekunden auf Stufe 5 gut vermischen. Auf Stufe 1 / 100 Grad / 18 Minuten kochen. Die Marmelade kann abgefüllt werden.

Erdbeere Amaretto Marmelade

Zutaten
700 g Erdbeeren
70 g Amaretto
250 g Gelierzucker 3:1
Mark einer Vanilleschote

Zubereitung
Das Obst in den Mixtopf geben und 30 Sekunden / Stufe
4 zerkleinern. Nun die übrigen Zutaten einfügen.
Nochmals kurz für 15 Sekunden auf Stufe 5 gut
vermischen. Auf Stufe 1 / 100 Grad / 18 Minuten kochen.
Die Marmelade kann abgefüllt werden.

Apfel Zimt Ingwer Marmelade

Zutaten
700 g Äpfel, entkernt und geschält
50 g Zitronensaft
250 g Gelierzucker 3:1
½ TL Zimt
½ TL Ingwer

Zubereitung
Das Obst in den Mixtopf geben und 30 Sekunden / Stufe 4 zerkleinern. Nun die übrigen Zutaten einfügen. Nochmals kurz für 15 Sekunden auf Stufe 5 gut vermischen. Auf Stufe 1 / 100 Grad / 18 Minuten kochen. Die Marmelade kann abgefüllt werden.

Pflaumen Zimt Marmelade

Zutaten
750 g Pflaumen, entsteint
1 TL Zimt
40 g Kakao
250 g Gelierzucker 3:1

Zubereitung
Das Obst in den Mixtopf geben und 30 Sekunden / Stufe
4 zerkleinern. Nun die übrigen Zutaten einfügen.
Nochmals kurz für 15 Sekunden auf Stufe 5 gut
vermischen. Auf Stufe 1 / 100 Grad / 18 Minuten kochen.
Die Marmelade kann abgefüllt werden.

Apfel Spekulatius Marmelade

Zutaten
750 g Äpfel, geschält und entkernt
1 TL Spekulatius Gewürz
250 g Gelierzucker 3:1
Mark einer Vanilleschote

Zubereitung
Das Obst in den Mixtopf geben und 30 Sekunden / Stufe 4 zerkleinern. Nun die übrigen Zutaten einfügen. Nochmals kurz für 15 Sekunden auf Stufe 5 gut vermischen. Auf Stufe 1 / 100 Grad / 18 Minuten kochen. Die Marmelade kann abgefüllt werden.

Maronen Dattel Marmelade

Zutaten
350 g Maronen, gekocht
350 g Datteln
250 g Gelierzucker 3:1
½ TL Zimt

Zubereitung
Das Obst und die Maronen in den Mixtopf geben und 30
Sekunden / Stufe 4 zerkleinern. Nun die übrigen Zutaten
einfügen. Nochmals kurz für 15 Sekunden auf Stufe 5 gut
vermischen. Auf Stufe 1 / 100 Grad / 18 Minuten kochen.
Die Marmelade kann abgefüllt werden.

Bananen Lebkuchen Marmelade

Zutaten
750 g Bananen, geschält
1 TL Lebkuchengewürz
250 g Gelierzucker 3:1
Mark einer Vanilleschote

Zubereitung
Das Obst in den Mixtopf geben und 30 Sekunden / Stufe
4 zerkleinern. Nun die übrigen Zutaten einfügen.
Nochmals kurz für 15 Sekunden auf Stufe 5 gut
vermischen. Auf Stufe 1 / 100 Grad / 18 Minuten kochen.
Die Marmelade kann abgefüllt werden

Blaubeere Eierlikör Marmelade

Zutaten
700 g Blaubeeren
70 g Eierlikör
250 g Gelierzucker 3:1
Mark einer Vanilleschote

Zubereitung
Das Obst in den Mixtopf geben und 30 Sekunden / Stufe 4 zerkleinern. Nun die übrigen Zutaten einfügen. Nochmals kurz für 15 Sekunden auf Stufe 5 gut vermischen. Auf Stufe 1 / 100 Grad / 18 Minuten kochen. Die Marmelade kann abgefüllt werden.

Zimt Curd

Zutaten
4 Eier
120 g Butter
400 g Zucker
140 g Kondensmilch
1 gehäufter TL Zimt

Zutaten
Alle Zutaten in den Mixtopf geben und ca. 20 Minuten /
90 Grad / Stufe 2 eindicken lassen. Die Masse umfüllen
und im Kühlschrank aufbewahren.

Spekulatius Curd

Zutaten
4 Eier
120 g Butter
400 g Zucker
140 g Kondensmilch
1 gehäufter TL Spekulatiusgewürz
100 g gemahlene Mandeln

Zutaten
Alle Zutaten in den Mixtopf geben und ca. 20 Minuten /
90 Grad / Stufe 2 eindicken lassen. Die Masse umfüllen
und im Kühlschrank aufbewahren.

Lebkuchen Curd

Zutaten
4 Eier
120 g Butter
400 g Zucker
140 g Kondensmilch
50 g Kakaopulver
½ TL Zimt
1 TL Lebkuchen Gewürz

Zutaten
Alle Zutaten in den Mixtopf geben und ca. 20 Minuten /
90 Grad / Stufe 2 eindicken lassen. Die Masse umfüllen
und im Kühlschrank aufbewahren.

Chili Schokoladen Curd

Zutaten
4 Eier
200 g Butter
30 g Sahne
400 g Zucker
140 g Kondensmilch
1 Prise Chili
1 Prise Pfeffer
100 g Kakaopulver
50 g Schokostreusel

Zutaten
Alle Zutaten in den Mixtopf geben und ca. 20 Minuten / 90 Grad / Stufe 2 eindicken lassen. Die Masse umfüllen und im Kühlschrank aufbewahren.

Nachtrag zum Impressum/ Copyright

www.fotolia.com/
- quipu
- sarsmis

Herstellung und Verlag:
BoD - Books on Demand, Norderstedt
ISBN 978-3-7347-2215-8